LA
POLITIQUE AU VILLAGE

LE LENDEMAIN DES ÉLECTIONS SÉNATORIALES.

ORLÉANS,

IMPRIMERIE DE PUGET ET Cie, RUE VIEILLE-POTERIE, 9.

—

1876.

LA

POLITIQUE AU VILLAGE.

Le lendemain des Élections sénatoriales.

François Dugué. — Hé bien ! Notre délégué n'est pas encore de retour, donc ?

Etienne Lacampagne. — Non, il paraît que ça n'allait pas très-bien hier, qu'il y avait du ballottage ; mais on disait que ça allait s'arranger, et que les trois qui sont pour l'Empire allaient finir par passer.

François. — Ah ! C'est que s'ils ne passaient pas, ça ne pourrait plus faire que 172, et M. Laviolette, notre futur député, en veut 175, pour nous ramener tout de suite notre petit Empereur, qui va rétablir l'ordre, faire marcher le commerce, et nous faire vendre notre grain et notre vin mieux que sous la République. Dieu de Dieu ! C'était son père, notre défunt Empereur, qui s'entendait à cela, lui ! Comme tout allait bien, comme le commerce marchait, comme l'or roulait ! Comme on avait de bonnes récoltes et qu'on en faisait de l'argent ! Ce n'était pas comme sous cette gueuse de République, bien sûr, qu'on ne fait pas toujours pour vivre en payant son fermage, et encore, que si on veut le payer, faut manger bien des pommes de terre et du pain sec, pour ménager son lard, et ne pas aller souvent à la boucherie, sans compter toute l'eau qu'il a fallu boire, ces dernières années, que la vigne avait gelé.

Etienne. — Dam ! C'est vrai que ça allait bien tout de même, à part la guerre, qu'on faisait peut-être trop souvent, surtout celle du Mexique, où mon pauvre enfant est allé mourir à deux mille lieues d'ici, tandis que Bazaine en est bien revenu, lui ! A ça près, tout marchait bien dans le pays, j'ai acheté huit arpents de terre, et je serais resté en gain si les Prussiens ne m'avaient pas fait perdre cinq à six mille francs. Oui, c'est dommage que ça a si mal fini !

François. — C'est tous ces gueux de républicains, qui s'étaient mis d'accord avec les blancs, et tous les ennemis de l'Empereur, pour le perdre, tu sais bien !

Etienne. — Oui, nous avons lu ça dans les petits livres que M. Laviolette nous a fait passer.

François. — Ah ! les gredins, qui nous ont livrés aux Prussiens avec notre Empereur, pour se débarrasser de lui ! Comme on va envoyer tout ça à Cayenne, quand M. Laviolette va être député et que Napoléon IV va être sur le trône ! On ne pourra être tranquilles et heureux que quand on nous aura débarrassés de toute cette vermine-là, comme dit M. Laviolette.

Etienne. — Hum ! Ça ferait peut-être bien du monde à envoyer à Cayenne ; tu sais bien qu'on n'est pas chaud et fidèle partout comme dans notre commune, la meilleure de l'arrondissement, et peut-être de la France, à ce que dit M. Laviolette. Aujourd'hui, on voit bien des gens comme il faut, à mon avis, qui disent que ça serait un grand malheur si l'Empire revenait. L'autre jour, étant au marché, j'ai entendu M. Deschamps, notaire, M. Michel, le banquier, M. Lefranc, médecin, M. Briffaut, l'avoué, tous gens à leur affaire, et jusqu'à mon propriétaire, qui a trente mille livres de rentes au soleil, et à qui j'allais payer mon fermage. Eh bien! Ils disaient tous qu'aujourd'hui il ne fallait plus penser à d'autre gouvernement que celui qu'on a, que ça pourra faire un très-bon gouvernement, pourvu qu'on n'y envoie pas beaucoup de gens comme M. Laviolette, ni comme M. Lapoigne, M. Cumulard et M. de la Sinécure, nos trois Sénateurs, s'ils ont fini par passer hier. Ils disaient qu'on ne pourrait pas ramener l'Empire sans une révolution, parce qu'il n'y aurait pas plus de cinq ou six départements, avec le nôtre, où l'on regrette encore ce gouvernement-là, et ils disaient aussi qu'il fallait qu'on nous trouve plus bonasses que d'autres, pour qu'on soit venu nous rendoctriner, après tout ce que nous avons vu de nos yeux et tout ce que nous avons enduré il y a cinq ans, par la faute de l'Empire et de ses amis, à ce qu'ils disaient tous.

François. — Comment! et tu n'as rien répondu, toi! Ah! si j'avais été là, moi, c'est moi qui leur aurais rivé leur clou! Tout ça, donc, est-ce que ce n'était pas la faute des misérables, des chenapans, des gredins qui ont renversé l'Empire; des hommes du 4 septembre, quoi! Comme c'est si bien prouvé par les petits livres de M. Fauconnier de l'Engueulerie. En v'là un homme capable, un bon, un solide, qui les arrange bien! Il n'a pas peur de parier ses 25,000 francs contre ces gueux-là, qui ne peuvent seulement pas trouver 25,000 sous pour soutenir son pari! Tu sais que c'est l'ami de M. Laviolette qui nous a raconté comme quoi ils étaient allés ensemble voir l'Impératrice et le Prince en Angleterre, qui les ont reçus si bien, et même qu'ils ont promis de me faire avoir le bureau de tabac, et de faire renvoyer mon garçon de l'armée dès que le gouvernement va être rétabli — Vois-tu, Etienne, tous ces Messieurs-là, que tu viens de me dire, c'est tous ennemis jurés de M. Laviolette, ils seraient tous jaloux de le voir député, et puis, d'ailleurs, tous les ennemis de l'Empire, ils ne méritent pas qu'on les écoute, ce n'est tous que des républicains, des ambitieux, des ennemis de l'ordre, des radicaux, quoi ! Comme dit M. Laviolette.

Etienne. — Pourtant, tu ne pourrais pas dire que c'est des partageux, car bien sûr qu'ils ne voudraient pas partager avec nous, ceux-là, tous les richards du pays.

François. — Ah ça ! mais ils t'ont retourné, je vois bien, toi ! Comment, est-ce que tu lâcherais M. Laviolette, un si bon homme, pas fier, qui vous donne des poignées de main, qui vous prend sous le bras, qui embrasse nos moutards tout barbouillés, qui aime à rendre service à tout le monde, et qui nous a promis que l'Empire nous fera vendre nos denrées à des prix, des prix fous, que nous aurons bientôt de quoi acheter toutes les terres de Mme de la Tenancerie, quand ses héritiers les vendront !

Etienne. — Il paraît que M. Laviolette promet en même temps aux ouvriers de leur faire manger le pain et boire le vin à bon marché : Comment donc qu'il arrangera ça ?

François. — Il arrangera ça, il arrangera ça, oui, que ça s'arrangera, faudra bien que tout s'arrange, quand le petit Empereur sera là, et ça ne tardera pas ! Voilà nos 175 Sénateurs nommés, ou peu s'en manque ; ils vont faire voter toute la nation pour les députés de l'Appel au peuple, on fait le plébiscite, comme en 1870 ; on a dix millions de

Oui, pour le moins ; on remet l'Empire à la place de la République, on fusille tous les républicains qui ne sont pas contents, on envoie les autres à Cayenne, et Napoléon IV épouse la fille du Maréchal Mac-Mahon, pour le récompenser de lui avoir gardé sa place (tu sais, comme M. Laviolette nous l'a soufflé l'autre jour à l'oreille, dans le coin du cabaret) ; sans compter que mon garçon va rentrer à la maison faire valoir notre bien, et que j'aurai mon bureau de tabac ! Hein ! quelle perspective, comme dit M. Laviolette ! — Ah ! voilà justement Maître Pierre Bonnefoy, notre maire, notre délégué sénatorial, qui est de retour à cette heure. Venez donc un brin ici, Maître Pierre, nous rendre compte de la mission importante qu'on vous a confiée pour le salut du pays, comme dit M. Laviolette.

Maître Pierre Bonnefoy. — Bonjour Etienne, bonjour François, tout va bien dans la commune ?

François. — Oui, oui, mais ce n'est pas de la commune qu'il s'agit, à présent : Nos trois Sénateurs sont-ils passés ? M. Lapoigne, Monsieur....

Maître Pierre. — M. Lapoigne n'a pas passé.

François. — Pas passé ! notre ancien Préfet, le grand ami de M. Duvirement, l'ancien Ministre ! mais M. Cumulard, Monsieur....

Maître Pierre. — M. Cumulard non plus.

François. — M. Cumulard ! un homme si capable, qui avait tant de si grands emplois, qui rendait pour plus de 130,000 francs de services par an à l'Empire ! Et M. de la Sinécure ? il a passé, lui, au moins ? on n'aura pas eu l'indignité de ne pas nommer un ancien Chambellan de l'Empereur ?

Maître Pierre. — M. de la Sinécure a eu 14 voix. Ah ! c'est qu'on n'est pas partout comme ici, voyez-vous !

François. — C'est abominable ! Mais lesquels donc qui ont été nommés ?

Maître Pierre. — M. Lesage, M. Ducentre, M. Matureau, les trois qui s'appellent constitutionnels et conservateurs, qui s'engagent à soutenir le gouvernement du maréchol de Mac-Mahon, à le fortifier, à nous préserver des révolutions, de la guerre, de l'invasion, à faire régner partout la confiance, l'ordre, la prospérité à l'intérieur, enfin tout ce qu'il faut pour qu'on soit heureux et content, et qu'on ait un gouvernement solide, qui puisse durer, un bon gouvernement, quoi !

François. — Ah ça ! Maître Pierre, vous n'avez toujours pas voté pour ces trois-là, vous ? C'est pas pour eux qu'on vous a envoyé là-bas !

Maître Pierre. — Voyez-vous, mes amis, qui n'entend qu'une cloche n'entend qu'un son, et, quand on ne sort pas de chez soi, on ne sait pas ce qui se pense et ce qui se dit ailleurs. — Au premier tour, j'ai voté pour les candidats de l'Appel au peuple ; mais c'est M. Lesage et M. Ducentre qui ont passé ; M. Matureau venait après, et M. Cumulard arrivait quatrième ; les trois autres avaient si peu de voix que c'était pitié. — Mais après ce tour-là, on s'est revu tous ensemble, on a causé, on s'est expliqué ; on s'est fait penser à bien des choses qu'on ne nous disait pas ici, dans les petits journaux et les petits livres que M. Laviolette nous envoie. Enfin, au bout de tout cela, les affaires avaient bien changé. M. Cumulard voulait se mettre d'accord avec M. Lesage et M. Ducentre ; il se disait conservateur et constitutionnel comme eux ; même il avait tourné le dos à

M. Lapoigne et à M. de la Sinécure; M. Laviolette, qui
était là avec nous, a voulu s'en mêler, mais M. Cumulard
ne faisait plus attention à lui, quand il voulait lui cligner
de l'œil comme avant. Et puis, entre nous autres délégués,
on se disait que c'était une honte de faire passer des bonapartistes, des gens à coup d'Etat, des partageux de budget,
qui voulaient renverser le Maréchal et faire une révolution
pour que la peur des rouges amène le pays à rétablir l'Empire. Enfin, tant et si bien, que si on avait été obligé de
dire à ce moment là pour qui on avait voté au premier
tour, il ne s'en serait peut-être pas trouvé, dix à convenir
qu'ils étaient pour les candidats de l'Appel au peuple.

François. — Mais vous, vous, maître Pierre, pour qui
donc vous avez voté, à la fin ?

Maître Pierre. — J'ai voté suivant ma conscience,
François, et je crois avoir bien fait.

François (furieux). — Maître Pierre, vous êtes un
traître, un faux-frère ; mais ça ne peut pas être comme ça
partout, et pour peu qu'il y en ait seulement 151 de passés,
gare à vous, Maître Pierre, gare à votre Mairie.....je
cours chez M. Laviolette.....

Maître Pierre. — François, écoute donc. Sais-tu combien il y en a de passés, sur tes 175 ?

François — Vous le savez, vous ?

Maître Pierre. — Oui, à peu près, par les journaux
qu'on a lus ce matin avant de partir. Il y en a une tren-
taine au plus, et encore plus de la moitié dont on n'est pas
bien sûr.

François (s'en allant exaspéré). — Ça ne peut pas être,
c'est pas vrai, c'est des inventions des mauvais journaux

2

qu'on vous a fait lire. Vous êtes retourné, maître Pierre,
vous n'êtes pas l'homme qu'on pensait.

Etienne.— Voyez-vous, maître Pierre, on ne peut pas
raisonner avec François, il n'y a pas de raison à lui dire,
il ne parle que d'après M. Laviolette, et si on ne dit pas
comme lui on a tort. Mais vous n'avez rien dit de M. de
Blanchépine, le royaliste, un homme respectable tout de
même, mais trop entêté, à ce qu'on dit ; et M. Grossetête,
le républicain rouge ?

Maître Pierre.— Ils ont quitté tous les deux la partie,
chacun de son côté, au premier tour, et ils ont bien fait :
l'un avait 15 voix, l'autre 13. Les autres candidats ne s'oc-
cupaient seulement pas d'eux.

Etienne.— Ça ! Eh bien ! Vous ne croyez donc plus que
l'Empire va revenir, vous, Maître Pierre, et le gouvernement pourrait-il tout de même marcher sans ça, que vous
pensiez?

Maître Pierre.— Tiens, voilà M. Lefranc, le médecin,
qui vient par là; il lit son journal dans son cabriolet. S'il
avait le temps de causer un peu, il t'expliquerait tout cela
mieux que moi, car je vois bien, à présent, que c'est lui
qui avait raison, quand il voulait nous prouver que
M. Laviolette n'était pas le député qu'il nous fallait, ni
l'Empire un gouvernement à rétablir.

Le Docteur Lefranc (de son cabriolet).— Hé ! bonjour,
Maître Bonnefoy, vous voilà de retour, je suis content de
vous ; vous avez fait de bonne besogne pour le pays ; je
descends vous donner une bonne poignée de main.

Maître Pierre.— De bon cœur, Docteur, et même que
si vous n'êtes pas trop pressé vous serez bien aimable
d'entrer à la maison boire un verre de vin à la santé de

nos sénateurs, avec Maître Etienne et les autres amis qui s'approchent; on pourra profiter tous de votre bon entretien.

Le Docteur. — Allons, Maître Bonnefoy, avec plaisir, nous allons un peu causer tous ensemble, et j'espère que ça ne va pas être du temps perdu ni des paroles inutiles; car vous autres, gens de village, vous ne vous servez pas toujours de votre bon sens; mais vous en avez à revendre. quand vous vous donnez la peine de réfléchir un peu et de voir les choses comme elles sont.

Maître Pierre.— Allons, Etienne! et vous autres, Jean Letêtu, André, Michel, et vous aussi, voisin Simon, entrez donc à la maison écouter le docteur, vous n'en aurez pas de regret.

Le Docteur (dans la maison, assis au milieu de son auditoire).— J'ai de grandes tournées à faire, il y a encore tant de malades à guérir du même mal que vous! mais le remède sera facile : un peu de réflexion, un peu de mémoire, un peu de raisonnement, et vous serez bientôt sains d'esprit et d'opinion comme de corps.

Il y a cinq ans, nous avions les Prussiens sur le dos, dans nos maisons, dans nos chambres, dans nos lits; mangeant notre pain, buvant notre vin, épuisant nos provisions et notre bourse, prenant tout ce qui leur convenait pour bien vivre dans notre pays, à nos dépens, tandis que nos soldats, ces pauvres enfants de la France, mourant de faim, de froid, de misère, [quand ils n'étaient pas tombés sous les coups de l'ennemi; manquant de tout, déguenillés, nu-pieds, étaient conduits par milliers, à travers la boue ou la neige, dans ce pays d'Allemagne et de Prusse, où vous vous étiez imaginé qu'ils entreraient en triomphe, après deux ou trois victoires contre ces armées allemandes que vous ne connaissiez pas. On leur avait fait crier : A Berlin ! à Berlin ! et un mois après, il y en avait cent mille, qui marchaient vers Berlin, vaincus, tristes, désarmés, conduits par les Prussiens vainqueurs ; ils avaient été pris à Sedan, avec Napoléon III ; et deux mois après cela, 150,000 autres, pris à Metz, la ville imprenable, livrés avec elle par Bazaine. Tout était perdu, plus d'armée, la France envahie, Paris assiégé, les Prussiens partout, par milliers et par centaines de mille, ravageant les champs, pillant les récoltes, brûlant les fermes, les villages, les villes où on leur résistait encore ; fusillant sans pitié tous les braves Français qui voulaient aider ou protéger les débris dispersés de notre armée.

L'Empire était tombé après Sedan, tombé tout seul, sans révolution violente, effondré sous le poids de ses fautes. Le Gouvernement avait été pris en mains par quelques hommes qui n'avaient pas craint la responsabilité d'une résistance désespérée à l'ennemi vainqueur. Ces hommes qui n'étaient pas tous à la hauteur de leur tâche, mais qui avaient presque tous du bon vouloir et un sincère patriotisme, on a essayé depuis de les flétrir en les calomniant, parce qu'ils avaient parmi eux des incapables ou des exaltés ; mais s'ils ne réussirent, en voulant organiser la défense nationale sous les yeux d'un ennemi victorieux, qu'à retarder de quelques mois, au prix des plus durs, des plus sanglants sacrifices, notre ruine complète et le démembrement de notre patrie, ces hommes, on ne les méprisait pas alors, on ne les insultait pas, la peur et la honte avait chassé de France la séquelle impériale ; ces hommes téméraires, qui sentaient en eux l'âme de la France, ne voulaient pas croire qu'un mois avait suffi pour rendre toute résistance inutile, et tous les cœurs vraiment français étaient avec eux : on les écoutait, on leur obéissait, et toutes les fautes qu'ils ont pu commettre, en voulant tout réparer, n'ont été que la suite, l'inévitable conséquence des fautes irréparables de l'Empire, seul responsable envers le pays qui lui avait confié ses destinées.

Cette guerre funeste, qui donc l'avait voulue ? Qui donc avait saisi avec empressement, avec joie, le motif de querelle fourni par la Prusse ? C'était l'entourage de l'Empereur, c'étaient ses favoris, ses courtisans, ses ministres ; c'était surtout l'Impératrice, qui voulait pour son fils effacer la honte jetée par la guerre du Mexique sur le nom de Napoléon. Elle la demandait depuis 1866, cette guerre, *sa guerre à elle*, comme elle l'appelait ; mais notre armée désorganisée, notre matériel de guerre en partie usé ou détruit, n'avait pas permis de la faire à un moment plus favorable. Et voilà que Napoléon III avait cru trouver, dans l'invention d'une artillerie nouvelle, le moyen de faire la guerre avec peu de soldats : aussi, quand il fut poussé par tous les siens à cette guerre, applaudie avec enthousiasme par les députés impériaux, malgré l'opposition des quelques hommes sensés qui siégeaient au Corps législatif de l'Empire, l'Empereur se décida à déclarer la guerre au roi de Prusse ; dans sa pauvre imagination de malade, il se figurait les épais régiments prussiens venant se placer à portée de ses mitrailleuses, comme ces volées de moineaux que vous voyez, par les temps de neige, s'exposer aux décharges de menu plomb devant les portes de vos granges ; et il donna à son ministre de la guerre la consigne d'aller au Corps législatif rassurer les députés inquiets, en leur jurant, *sur l'honneur, que tout était prêt ; que la France*

*pouvait faire la guerre longtemps sans acheter un
bouton de guêtre.*

Telle est la vérité, mes amis, la triste et simple vérité,
que les Fauconnier de l'Engueulerie et autres impudents
menteurs ont essayé de dénaturer, afin de détourner votre
juste et patriotique indignation de ces hommes funestes de
l'Empire, qui osent vous parler aujourd'hui de leurs services, et se rappeler à votre reconnaissance !

Ah ! vous faisiez bien vos affaires, sous l'Empire, dites-
vous ! tout marchait mieux qu'à présent, avec le régime
impérial ! Mais vous, Jean Letêtu, où est votre fils, ce pauvre
grand garçon si fort, si dispos, quand la guerre le prit chez
vous pour le mener en Prusse, mourir de fatigue, de misère, de chagrin peut-être ? — Vous, Michel Chauvin, où
est votre gendre, ce pauvre jeune homme qui était si heu-
heux, qui travaillait de si bon cœur pour sa femme et son
petit enfant, et qui les a laissés à votre charge, sans que
vous ayez pu savoir sur quel champ de carnage il était
tombé, ou sur quel chemin d'Allemagne il avait agonisé, en
pensant à sa petite famille ?

Ah ! l'on dit que vous regrettez l'Empire, que vous vou-
lez son retour ! Non, ce n'est pas possible, vous ne pouvez
regretter ce régime de sang, de carnage, d'horreur, que
notre pays a déjà subi deux fois, et qui se termine fatale-
ment par l'invasion, la ruine, le démembrement de la
France. Deux fois ces hommes, qui portaient le nom fatal
de Napoléon, ont eu entre leurs mains les destinées de
notre patrie : les deux règnes, à un demi-siècle de distance,
se sont ressemblés en cela : la guerre, la guerre, encore la
guerre, toujours la guerre, la guerre jusqu'à la fin, jusqu'à

ce que nos ennemis, voyant nos armées aux trois quarts
détruites, notre armement insuffisant, nos trésors épuisés,
viennent nous écraser avec des armées depuis longtemps
prêtes, et qui n'attendaient que le moment favorable pour
fondre sur les débris des nôtres.

Quand Louis Bonaparte, voulant devenir Napoléon III,
vous demanda la couronne impériale, il vous promit que le
second empire vous donnerait la paix ; mais un sort fatal
s'attachait à lui, à son nom, c'était un Napoléon, et son
règne devait ressembler à celui du premier. Guerre de
Crimée, pour défendre la Turquie contre la Russie, au pro-
fit de l'Angleterre : cent mille hommes sacrifiés, un mil-
liard dépensé ! Puis guerre d'Italie, guerre de Chine, guerre
de Syrie, guerre du Mexique, qui détruit notre armée et
ruine nos finances, pour arriver à faire fusiller là-bas l'Empereur Maximilien, abandonné par Bazaine, quand les
amis de l'Empereur eurent touché le produit le plus clair
de ce célèbre emprunt mexicain, recommandé si chaude-
ment par l'honorable Rouher comme le meilleur des place-
ments, et qui a laissé à tant de Français confiants, en
échange de leur argent, des paquets de papier qui valent
maintenant quatre sous la livre !

Mais pendant ce temps-là, les Prussiens, profitant de ce
que nous n'avions presque plus de soldats en France,
avaient battu et démembré l'Autriche, avec l'aide de nos
amis les Italiens, pour qui on avait sacrifié tant de sang et
d'argent français en 1859.

Enfin, 1870 arrive. Le plébiscite, par les votes de l'armée, apprend à la Prusse combien peu de soldats nous
avons sous les armes. Prête à nous écraser, elle se fait
chercher une querelle par le gouvernement impérial, qui

lui déclare vite la guerre, et envoie, contre un million de soldats, les deux cent et quelques mille hommes de vraies troupes qui nous restaient encore !

Mais nous aurions dû en avoir davantage, dites-vous? Oui, nous payions pour cela, mais le budget de la guerre était gaspillé, en grande partie, par les dépenses de l'Empereur et de ses amis, qui n'avaient jamais assez d'or. Tous ces jeunes gens qui payaient pour ne pas partir, et qui devaient partir tout de même, donnaient au Gouvernement des millions pour payer des remplaçants. L'argent était versé, mais les remplaçants n'étaient pas fournis : voilà pourquoi nous n'avions pas nôtre compte de soldats.

Et c'est avec ces millions-là, et avec tant d'autres millions détournés de leur emploi, que l'Empire donnait au pays, à nos dépens, cette richesse et cette prospérité de dix-huit années qu'on vous rappelle sans cesse aujourd'hui, pour essayer de vous faire oublier tous les maux et tous les désastres que nous devons à cet abominable régime.

Oui, autour de votre empereur étaient une foule de favoris, d'amis, qui, surtout à la fin, quand sa pauvre tête fatiguée et malade ne lui permettait plus de tenir la main aux affaires et d'y voir clair, faisaient de lui ce qu'ils voulaient, puisaient à pleines mains dans les coffres de l'État, et, à nos dépens, s'amusaient et s'en donnaient à cœur-joie. Ces hommes-là, c'étaient les vrais partageux, qui vivaient si joyeusement et si chèrement à ne rien faire, avec l'argent prélevé par l'impôt sur le produit de votre travail. Mais cet argent, le nôtre, qui leur coûtait si peu, ils le dépensaient aussi facilement qu'ils l'avaient obtenu, et leurs folles dépenses faisaient rouler à pleines mains toutes ces belles pièces d'or que vous aimiez tant, que les Prussiens nous ont prises, mais que cinq ans de calme et de travail réparateur, sous la protection d'un gouvernement honnête, ont commencé à ramener dans nos mains

Eh! bien, mes amis, ces hommes dont je viens de vous parler, qui prenaient et gaspillaient notre argent, qui épuisaient nos trésors, qui faisaient tuer nos enfants sans nécessité, sans utilité, pour la gloire de l'Empire et du nom de Napoléon, ces misérables, qui abusaient de la faiblesse d'un souverain malade pour faire en son nom tout ce qu'ils voulaient, ils se sont dit qu'en mettant sur le trône, sous le nom de Napoléon IV, un pauvre enfant sans expérience, ayant à ses côtés une mère espagnole qui a bon cœur, peut-être, mais dont la folle ambition nous a jetés au dépourvu, dans la guerre funeste de 1870, ils se sont dit que cet enfant, qui leur devrait la couronne impériale, cette femme, qui leur devrait son retour à des grandeurs pour lesquelles Dieu ne l'avait pas faite, n'auraient rien à leur refuser, et qu'on s'amuserait encore bien mieux avec Napoléon IV qu'avec son père, qui avait de l'âge et de l'expérience.

Et c'est sur vous, sur vous, hommes des champs, hommes sensés, mais crédules ; c'est sur votre ignorance, sur votre isolement dans vos villages, que l'on comptait pour mener à bien une pareille entreprise ! Oui, on voulait profiter de votre simplicité, de votre confiance, du peu de temps que vos travaux vous permettent de consacrer à vous instruire, pour essayer de vous tromper une fois encore ! Vous avez été inondés de petits livres, de journaux, au moyen desquels on a essayé de vous disposer à rétablir l'Empire. On a usé de tous les moyens : promesses, menaces, mensonges, faussetés de toutes sortes : tout est bon pour ces gens-là.

Mais j'en ai dit assez, n'est-ce pas, et je prêche maintenant à des convertis. Vous voilà tout honteux, mes pauvres

amis, d'avoir pu vous laisser tromper jusqu'à ce point, et je
vois dans vos yeux indignés qu'on ne pourra plus vous
tromper maintenant. Consolez-vous donc, puisque le mal
n'était pas encore fait, et qu'il ne pourra plus se faire.
N'ayez plus tant de honte de votre crédulité : il y en a de
plus instruits que vous, qui se croient bien plus intelligents
que vous, et qu'on a trompés aussi, mais qu'on ne détrom-
pera pas.

M. Laviolette, cet homme bon, mais vaniteux ; obligeant,
affable, qui ne voudrait pas voir pleurer un enfant ni faire
crier un chien, il est enrôlé, sans le savoir ou sans le bien
comprendre, dans la bande de malfaiteurs audacieux qui
veulent faire tomber le pouvoir des mains loyales où on
l'a mis, pour essayer de s'en emparer au nom de Napoléon IV.

Vous me direz que M. Laviolette est riche, qu'il n'a rien
à demander ; qu'il veut être député à seule fin de rendre
des services au pays ?

Ecoutez-moi et jugez : M. Laviolette est riche, mais
ambitieux, et son ambition, encore bien plus grande que
son intelligence, l'empêche de voir les choses telles qu'elles
sont, telles que vous les voyez à présent, vous aussi intelligents que lui, mais que l'ambition n'aveugle pas.

La fin de l'Empire est arrivée trop tôt pour lui, il allait
être décoré. On avait promis une sous-préfecture à son
gendre, ce beau jeune homme à qui il a donné, avec une
grosse dot, sa fille unique, la plus riche héritière du pays,
parce que ce beau fils, sans fortune, était le protégé d'un
favori de l'Empereur, M. de la Sinécure, qui voulait, en
attendant mieux, s'asseoir au Sénat de la République, et
que nos honnêtes délégués n'ont pas voulu y mettre, Dieu
merci !

M. Laviolette est affamé, non d'argent, puisqu'il n'en manque pas, mais d'honneurs, et il veut voir rétablir l'Empire, pour lui, pour son gendre, pour sa fille, comme des gens qui allaient s'asseoir à une table bien servie, au moment où on l'a renversée, et qui veulent qu'on remette le couvert pour eux.

Cette pensée, ce désir, lui font oublier toute autre chose, et, dans son honnêteté d'homme abusé, qui se croit convaincu, il s'imagine qu'un troisième Empire, avec des hommes comme lui à son service, ne pourrait être qu'un bon gouvernement. Aussi, les chefs de la bande bonapartiste, connaissant les scrupules de conscience de cet honnête homme, se seront bien gardés de lui dire les services qu'on attend des quelques députés qui auront réussi à tromper la confiance de trop crédules électeurs. S'ils lui avaient dit : « Faites-vous nommer à tout prix, promettez à ces braves gens qui vous connaissent tous et qui ont confiance en vous, de leur donner le meilleur des gouvernements, la paix, la sécurité, la richesse, tout ce qu'ils peuvent désirer, et, dès qu'ils vous auront élu, dès que vous serez des nôtres, si nous sommes en nombre suffisant, nous nous occuperons, avec tous les hommes violents des autres partis, de faire tomber le gouvernement par une révolution qui nous mettra à même de saisir le pouvoir. Peu importe la résistance des honnêtes gens, peu importent le sang qu'il faudra verser, les crimes qu'il faudra commettre : il faut réussir et tous moyens sont bons ; il faut que Napoléon IV soit Empereur : réussissons ! Et quand il n'y aura plus que nous en face de la France, quand tout autre gouvernement que le nôtre sera devenu impossible, quand tous les hommes honnêtes seront massacrés, ou emprisonnés, déportés, ou frappés de terreur ;

quand nous aurons, par ces moyens, obtenu le silence des mécontents, c'est-à-dire assuré l'ordre à l'intérieur, nous, alors, nous, les hommes de l'Empire, les hommes de l'Appel au peuple, nous demanderons au peuple effrayé, ahuri, tremblant, affolé, ne comprenant plus rien à rien, nous lui demanderons s'il trouve que tout cela est bien, s'il approuve la besogne que nous aurons faite, s'il veut, *oui* ou *non*, de Napoléon IV pour Empereur !...

Oui, mes amis, voilà ce qu'ils entendent par leur Appel au peuple et leur plébiscite ! Oui, c'est ainsi que la Nation, librement consultée, comme ils disent, aurait à leur répondre, sur des millions de bulletins, par ce mot sacramentel des bonapartistes, ce mot qui seul, suivant leur principe, peut faire un gouvernement légal, régulier, ayant droit au respect et à l'obéissance du peuple :

« La bourse ou la vie, *oui* ou *non !* »

Ah ! s'ils faisaient de pareilles confidences à M. Laviolette, ces conspirateurs effrontés, qui osent encore aujourd'hui se mêler de nos affaires, parler de nos intérêts, de notre avenir, de nos finances, de notre armée, des impôts qui nous grèvent; qui osent prononcer encore les mots de *Patrie, honneur, loyauté;* qui impriment et répandent par milliers, dans vos campagnes, des journaux et des petits livres odieux auxquels notre honnête gouvernement ne prenait pas garde parce qu'il vous croyait, vous autres, moins crédules, moins ignorants et moins oublieux que vous n'êtes; oui, si ces misérables, aidés par des insensés, avaient fait connaître à cet homme qui est leur candidat, qui sollicite votre confiance et vos suffrages en faveur de leurs projets monstrueux et de leurs moyens infâmes, il ne serait sans doute pas avec eux aujourd'hui, et, au lieu de se présenter à vous comme candidat de l'Appel au peuple, il vous dirait certainement, comme je vous dis moi-même :

« Mes amis, l'Empire est fini, n'y pensons plus. Le pouvoir est aux mains fermes et honnêtes d'un homme désintéressé, dévoué au bien de son pays, qu'il a servi sous l'Empire avec honneur et loyauté, sans avoir jamais été courtisan ni favori du maître. C'est ce soldat de la Patrie, sans peur et sans reproche, qui, victime à Reichshoffen et à Sedan, de fautes sans noms auxquels il était tout à fait étranger, a partagé, après des luttes héroïques, le sort de nos malheureux soldats, toujours glorieux, jusque dans les revers ;

« Qui a délivré Paris des horreurs de la Commune, rendu la France à elle-même, et n'a pas craint d'accepter, pour le salut de la Patrie, la plus pesante des responsabilités, en se chargeant du pouvoir, que la division des partis avait fait tomber des mains de M. Thiers.

« Envoyez à la nouvelle Assemblée des hommes dévoués sincèrement, corps et âme, à ce gouvernement de salut. qui demande le concours et l'appui de tous les gens de bien ; qui appelle à lui *les hommes modérés de tous les partis*.

« Il ne doit plus y avoir maintenant que deux partis :
« D'un côté, le parti de tous les hommes de bonne volonté et de bon sens, qui, éclairés par les événements et l'expérience, laissant de côté toutes préférences personnelles, veulent, sans arrière-pensée, travailler à la consolidation et à l'amélioration d'un régime auquel nous devons déjà cinq années de calme réparateur, à la suite de désastres qui nous avaient laissés dans une situation désespérée.

« Et de l'autre côté, c'est le parti des ambitieux, et des insensés, et des criminels, qui ne craindraient pas, en travaillant de concert à la chute de ce gouvernement plein d'avenir et d'espérance, de nous livrer de nouveau à toutes les calamités, à toutes les horreurs d'une secousse révolutionnaire terrible, sans autre résultat possible que la guerre civile, une revanche aussi follement entreprise que la guerre de 1870, et une nouvelle invasion étrangère, suivie de la ruine complète et définitive de la France. »

. . . .

. . . .

Le docteur Lefranc était déjà remonté dans son cabriolet, quand les bons villageois qui venaient de l'entendre, remués jusqu'aux entrailles, immobiles, frappés de cette vérité qui venait enfin d'entrer dans leur esprit, rompirent le silence grave et recueilli où il les avait laissés, jugeant bien à leur contenance et à leurs physionomies qu'il avait fait bonne besogne et opéré une cure complète.

— Moi, dit André Bonretour, j'avais bien promis à M. Laviolette de voter pour lui, avec mon garçon, mon gendre, et tous ceux de la maison, et encore d'autres qui me demandent avis; mais j'avais bien aussi promis ma fille à un mauvais gars que j'avais cru un bon sujet, et j'ai manqué de parole en apprenant ce qu'il était. Je crois qu'il y a comme ça des cas où un honnête homme peut se dédire en conscience. Mes amis, ne marions pas la France avec un troisième Empire !

— Ah ! mes amis, dit Michel Lecœur, quel malheur pour la France, si les bonapartistes venaient à renverser le gouvernement !

— Quelle honte pour notre arrondissement, si M. Laviolette y était nommé député, ajoute Simon Bonvoisin!

— Et pour notre commune, donc, s'il avait la majorité chez nous, continue Jean Letêtu!

— Moi, conclut Etienne Lacampagne, je trouve que ce sera déjà une honte, s'il a seulement quatre voix ici.

Et c'était la meilleure commune de l'arrondissement, peut-être de la France entière, avait dit M. Laviolette.

www.ingramcontent.com/pod-product-compliance
Lightning Source LLC
Chambersburg PA
CBHW070118300326
41934CB00035B/2905